CATALOGUE

D'UN CHOIX DE

LIVRES RARES

ET CURIEUX

SUR L'ESCRIME
L'HISTOIRE DE L'ÉPÉE, LE DUEL
LA CHASSE, L'ÉQUITATION, LES BEAUX-ARTS
LES FEMMES, ETC.

PROVENANT DE LA COLLECTION DE

Feu M. ED. DE BEAUMONT, artiste-peintre

Auteur de « *l'Épée et les Femmes.* »

VENTE AUX ENCHÈRES PUBLIQUES

HOTEL DROUOT, Salle nº 7 (au premier)

Le MERCREDI 6 JUIN 1888

à deux heures précises de l'après-midi

Par le ministère de Mᵉ F. SARRUS, commissaire-priseur

74, Rue St-Lazare.

PARIS

A. CLAUDIN, LIBRAIRE-EXPERT

3, RUE GUÉNÉGAUD, 3

M. D. CCC. LXXXVIII

CATALOGUE

D'UN CHOIX DE

LIVRES RARES

DE FEU M. ED. DE BEAUMONT

LA VENTE AUX ENCHÈRES PUBLIQUES

AURA LIEU

Le MERCREDI 6 JUIN 1888

à deux heures de l'après-midi,

HOTEL DES COMMISSAIRES-PRISEURS

Rue Drouot, Salle n° 7 (au Premier)

Par le ministère de M^c F. SARRUS, commissaire-priseur, 74, rue Saint-Lazare,

ASSISTÉ DE M. A. CLAUDIN

Libraire-Expert, 3, rue Guénégaud.

CATALOGUE

D'UN CHOIX DE

LIVRES RARES

ET CURIEUX

SUR L'ESCRIME
L'HISTOIRE DE L'ÉPÉE, LE DUEL
LA CHASSE, L'ÉQUITATION, LES BEAUX-ARTS
LES FEMMES, ETC.

PROVENANT DE LA COLLECTION DE

Feu M. Ed. DE BEAUMONT, artiste-peintre

Auteur de « l'Épée et les Femmes. »

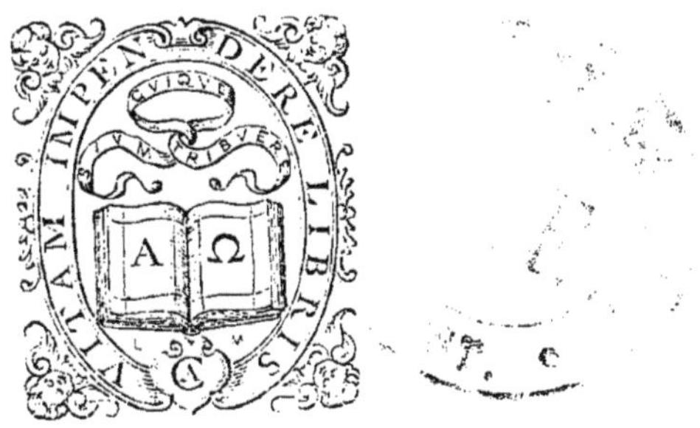

PARIS

A. CLAUDIN, LIBRAIRE-EXPERT

3, RUE GUÉNÉGAUD, 3

—

M. D. CCC. LXXXVIII

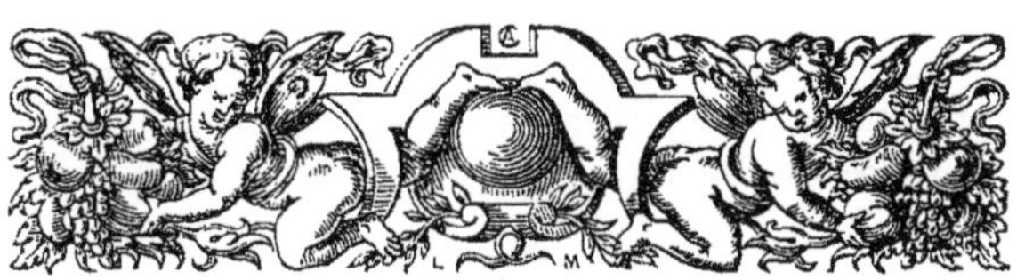

CATALOGUE

DE

LIVRES RARES

ET CURIEUX

PROVENANT DE LA COLLECTION

De Feu M. E. DE BEAUMONT

I. — ESCRIME. — HISTOIRE DE L'ÉPÉE. — LE DUEL.
LE POINT D'HONNEUR.

I.

GRIPPA (Cam.), Milanese. Trattato di scientia d'arme, con un dialogo di filosofia. *Roma, per Ant. Blado,* 1553, pet. in-4, portr. au verso du titre, nombr. eaux-fortes, vél.

Edition originale. — « Agrippa peut être regardé, parmi les anciens, comme le maître le plus remarquable dont puisse s'enorgueillir l'escrime italienne. Le bibliophile remarquera les gravures qui sont de l'école de Marc-Antoine. » (VIGEANT). — Deux figures dépassant la justification du texte, sont atteintes et un peu rognées, bien que l'exemplaire ait des témoins.

2. — ALBUMS CHINOIS (Deux), pet. in-4, nombr. figures relatives à l'équitation, à l'exercice des armes à feu, du bâton, etc., cart.

3. — ALCIATO (Andr.). Duello, tre consigli appresso della materia medes., uno del detto Alciato, gl'altri de Mar. Socino. *Vinegia, Comin de Trino,* 1552, pet. in-8, vél.

Bel exemplaire.

4. — AGRIPPA (D.-C.). Trattato di scienza d'arme. *Venetia, appr. A. Pinargenti,* 1568, pet. in-4, titre gr. avec portr. en méd. de l'auteur, nombr. figures à l'eau-forte, vél.

Exemplaire grand de marges, avec témoins. — Quelques petites cassures ou déchirures dans le papier.

5. — ALFIERI (Fr.). La Scherma, dove con nove ragioni e con figure si mostra la perfezione di quest arte. *Padova, S. Sardi,* 1640, 2 part. — La Picca e la bandiera. *Padova,* 1641, 2 ouvr. en 1 vol. pet. in-4 obl., titre gr., portr., nombr. figures sur cuivre dans le style de Callot, cart.

Rare. — Le côté artistique de ces deux traités, joint à leurs élégantes gravures, les classent parmi ceux qui peuvent intéresser le bibliomane aussi bien que l'escrimeur. — Quelques feuillets rognés de près en tête.

6. — AMMAN (Jost). Artliche und Kunstreiche Figuren zu der Reutterey, sampt irem musterhafftem Geschmuck, jetzt erst durch den Kunstreichen Jost Ammon wohuhafft zu Nornberg gerissen. (Figures artist. et scientif. pour la cavalerie, avec des modèles de parure pour icelle, etc.). *Franckfurt am M., in verleg. S. Feyrabend,* 1584, pet. in-4 obl., nombr. fig. s. bois par J. Amman, v. fauve, fil.

Edition originale. — Très rare. — Le titre et 3 feuillets sont réenmargés en haut, et la bordure du titre est un peu atteinte.

7. — ARMERIA REALE di Torino. *Venezia. Perini,* 1865, in-fol., avec 54 pl. photogr., rel. orig. en percal. br., ébarbé. — Armeria antica e mod. di Carlo Alberto, descr. dal conte V. Seyssel d'Aix. *Torino,* 1840,

in-8, figures, dem.-rel., dos et coins de mar amar.,
tête dor., non rog.

8. — ARMES ET ARMURES. 5 ouvr. en 5 vol. de divers
formats, rel. et br.

> Guide des amateurs d'armes et armures anciennes, par Dem-
> min. *Paris*, 1869. in-12, fig., br. — Les armes et les armures, par
> P. Lacombe. *Paris*, 1868, in-12, fig., cart. — Du costume militaire
> français en 1446. *Paris*, 1866, pet. in-4, pap. vergé, br. — Curio-
> sités militaires. *Paris*, 1855, in-12, dem.-rel., mar. br., n. r. —
> Il tiro al segno in Aosta, dal XII al XIX Secolo, da A. Angelucci.
> *Torino*, 1864, in-4, fig., br.

9. — ARMES ET ARMURES (Catalogue d'). 25 vol. ou
opusc. in-4 et in-8, rel. et br.

> Catalogue des armes et armures du baron Percy. *Paris*, 1829,
> in-8, cart. — Catalogue d'objets, armes de la Renaissance. etc., du
> baron d'Erbstein. *Paris*, 1835, in-4, fig., dem.-rel., dos et coins de
> mar. — Catalogue d'armes anciennes de Mention et Wagner. *Lon-
> dres*, 1838, in-4, fig., cart. — Catalogue descr. des armes de Ern.
> de R***. *Paris*, 1860, in-8, fig., cart. — Catalogue d'objets d'art,
> d'armes anciennes, etc., de M. S. (Sommesson). *Paris*, 1848, in-8,
> cart. — Etc., etc.

10. — ATTENDOLO (Dario). Il Duello. *Vinegia, appr.
G. Giolito de Ferrari*, 1562, pet. in-4, vél.

11. — BASNAGE. Dissertation hist. sur les duels et les
ordres de chevalerie, par M. B. *Amsterdam*, 1720,
in-12. v. fauve. (*Reliure ancienne*).

12. — BAST (Capit. de). Manuel d'escrime. *La Haye*,
1836, in-8, portr., 7 pl., mar. r., fil., tr. dor.

13. — BEAUMONT (E. de). L'épée et les femmes. *Paris,
Libr. des Bibliophiles*. 1881, gr. in-8, avec 5 pho-
tograv. d'après Meissonier. br.

14. — BEAUMONT (E. de) et Vibert. Atelier de Louis
Leloir, armes, objets d'art et de curiosité, etc.
Paris, impr. Jouaust, 1884, gr. in-8, portr., pho-
togr., br.

> Exemplaire en GRAND-PAPIER DE HOLLANDE.

15. — BEAUMONT (E. de). Notice sur les gens de
guerre du comte de Saint-Paul, qui sont enfouis
à Coucy, dep. 1411. *Paris*, 1865, gr. in-8, 2 pl., br.

> Exemplaire d'épreuve portant les corrections et additions de

l'auteur. — Cette première édition n'a pas été mise dans le commerce.

15 *bis*. — BEAUMONT (E. de). Notice sur les gens de guerre du comte de Saint-Paul qui sont enfouis à Coucy depuis 1411, 2e édition. *Paris (vers 1880)*, pet. in-4, br., couv. illustrée.

    Tiré à petit nombre.

16. — BEAUMONT (E. de) et Davillier. Atelier de Fortuny, œuvre posthume, armes, objets d'art, etc. (Catalogue). *Paris*, 1875, gr. in-8, portr., fig.

    Exemplaire en PAPIER VERGÉ, interfolié de papier blanc.

17. — BEAUMONT (E. de). Fleurs des belles épées, notices par E. de Beaumont. *Paris*, 1885, gr. in-fol., pap. de Hollande, fig. sur Chine, dans un carton.

18. — BELINGIERO GESSI. La Spada di honore. *Bologna*, 1671, pet. in-4, portr., figures d'emblèmes, vél., fil.

    Armoiries sur les plats. — Mouillure.

19. — BELLEVAL (Comte de). La Panoplie du xve au xviiie siècle. *Paris*, 1873, 1 vol. — Costume militaire des Français en 1446. *Paris*, 1866, 1 vol. — Ens. 2 vol. gr. in-8 et pet. in-4, figures, br.

20. — BONDI DI MAZO, da Venezia. La spada maestra, libro dove si trattano i vantaggi della nobil. professione della scherma si del caminare, girare e ritararsi, etc. *Venetia, per D. Lovisa à Rialto*, 1696, pet. in-4 obl., front. gr., 80 fig. gr. s. cuivre, cart.

    Exemplaire bien conservé, sauf une petite cassure à un feuillet.

21. — BREA (M.-Ant. de). Principios universales y reglas gen. de la verdadera destreza del Espadan, segun la doctrina mixta de francesa, italiana y espanola. *Madrid, en la imprenta Real*, 1805, pet. in-4, avec 18 jolies pl. gr. sur cuivre, v. rac.

22. — BREMOND (A. Picard). Trattato sulla scherma, aggiunt. la notizia di professori nouchè di dilettanti che si distinguono in quest'arte medes., nelle princip. citta d'Europa, trad. dalla franç. nella lingua

toscana. *Milano, nelle stampi dei fr. Pirola,* 1775, in-8, portr. du chev. Saint-Georges, dem.-rel., dos et coins de mar. citr., ébarbé.

> Bel exemplaire, sauf une légère mouillure.

23. — BRICCIO (G.), Romano. Avisi necess. per defendersi dall'inimico in molti modi, secondo varii accidenti, aggiunt. il modo da tenere per salvarsi da molti animali, che nocuono, cioe cani, lupi, tori, orfi e cavalli, racc. per G. Briccio, e dati in luce da L. Leandro, Venetiano. *Viterbo,* 1613, pet. in-8 de 24 pag., portr. en méd. sur le titre, figures sur bois, couv. en pap.

> Rare. — Quelques feuillets sont atteints en tête.

24. — BRUCHIUS (J. G.). Scherm-Meester der Academie tot Leyden. Grondige Beschryvinge van de edele Scherm-ofte Wappen-Konste. (Description approfondie de l'art de l'escrime, etc.). *Gedr. voor den autheur, tot Leyden, by A. Verhoef,* 1671, pet. in-4, portr. par Van Somer, gr. à la manière noire, nombr. figures hors texte gr. à l'eau-forte, cart.

> Première édition. — Rare. — Quelques planches sont atteintes et rognées. — « Le seul ouvrage en hollandais que nous connaissions sur l'escrime. » (VIGEANT).

25. — BRYE (J. de). L'art de tirer des armes. *Paris,* 1721, in-12, front. gr., portr. en méd. du duc de Villeroy en tête de la dédicace, v. gr.

> « J. de Brye fait entrevoir la transition de l'ancienne école représentée par les : Ph. de La Touche, Le Perche, de Liancourt et Labat, à l'école moderne créée par les Danet, Demeuse, La Boessière, Jean-Louis et Gomard. » (VIGEANT).

26. — BURTON (R.-F.). The book of the Sword. *London,* 1884, gr. in-8, nombr. figures, percal. grise, non rog.

27. — CALARONE (Costant.), detto l'Anghieli, maestro di scherma Messinese. Scienza prattica necess. a l'huomo, overo modo per superare la forza coll'uso regolato della spada. *Roma, nella stamp. di L. A. Chracas,* 1714, pet. in-4, portraits du prince Mi-

gliaco et de l'auteur gr. sur cuivre, figures sur bois, vél.

28. — CALVACABO (H.), Bolognois. Traité ou l'instruction pour tirer des armes, avec un discours pour tirer l'espée seule, fait par le deffunct patenostier de Rome, trad. d'ital. en franç. par le seign. de Villamont. *Rouen, Le Vilain,* 1597, pet. in-8 de 45 p., mar. r. du Lev., à nerfs, dent. int., tr. dor. (*Hardy-Mennil*).

29. — CAPO FERRO (Rid.) da Cagli. Gran simulacro dell arte, e dell'uso della scherma. *Bologna, per G. Longo,* 1652, in-4 obl., 1 f. pour le titre cont. un portr. en méd., 43 ff. seulement avec autant de figures à l'eau-forte par Raph. Siaminossi, dem.-rel.

Rare. — Court de marges et mouillé.

30. — CARRÉ (L), de Clermont-la-Meuse. Panoplie, ou réunion de tout ce qui a trait à la guerre dep. l'origine de la nation française, armes offensives et défensives de l'homme et du cheval, engins, ornemens, enseignes, instrumens de musique, duels, pas d'armes, tournois, carrousels, etc. *Chaalons-sur-Marne,* 1795, 2 vol. in-4, dont un de 41 pl. au lavis, v. rac.

Rare et recherché.

31. — CASSANI (G.-Alb.), di Frasinello di Monferrato. Essercitio militare, il quale dispone l'huomo a vera cognitione del scrimire di Spada, e dell' ordinare l'essercito à battaglia. *Napoli, appr. T. Longo.* 1603. pet. in-4, vél., fil.

Exemplaire grand de marges.

32. — CASTLE (E.). Schools and masters of Fence from the middle Ages to the XVIII century, with a bibliography of the fencing art. *London,* 1885, pet. in-4, front. gr., nombr. figures, percal. v., tète dor., non rog.

33. — CASTRIOTA (Don Costantino). Di Cavalleria e Duello. *Napoli, appr. M. Cance,* 1553, pet. in-8, dem.-rel. toile.

34. — Chateauvillard (Comte de). Essai sur le duel. *Paris*, 1836, gr. in-8, br.

Bel exemplaire, avec la couverture imprimée.

35. — Combat de trente Bretons (Le) contre trente Anglois, publ. par G.-A. Crapelet. *Paris, Crapelet*, 1835, 1 vol. — Cérémonies et gages de bataille selon l'ord. de Philippe-le-Bel. *Paris, Crapelet*, 1830, 1 vol. — Ens. 2 vol. gr. in-8, pap. vél., nombr. fig. et fac-simile de mss., cart., non rog. et br.

36. — Daniel (Le P. G.). Histoire de la Milice françoise et des changements qui s'y sont faits dep. l'établissement de la monarchie françoise dans les Gaules jusqu'à la fin du règne de Louis XIV. *Amsterdam*, 1724, 2 vol. in-4, nombr. pl., dem.-rel.

37. — Demmin (A.). Guide des amateurs d'armes et armures anciennes. *Paris*, 1869, in-12, nombr. fig., dem.-rel., dos et coins de mar. citr. du Lev., tr. marbr.

38. — Dilichius (W.). Kriegsbuch, darin die alte und newe militia allez orter vermehret, beschrieben allen Baw und Buchsenmeistern zu nutz publiciren. *Frankfurt am M., D. Zunners*, 1689, 2 part. — Bibliothèque illustre ou recueil parfait des plus excell. maximes pour savoir sagem. gouverner l'Etat, la Guerre, etc., par B. Dreyscharff. *Iène*, 1691, 2 ouvr. en 1 vol. in-fol., titre gr., nombr. pl.

Le premier de ces ouvrages est une véritable encyclopédie de l'art militaire, avec un grand nombre de planches, parmi lesquelles plusieurs représentent le maniement du mousquet, des costumes militaires, etc.

39. — Docciolino (Marco), Fiorentino. Trattato in materia di scherma, nel quale si cont. il modo e regola d'adoperar la spada cosi sola come accompagnata. *Firenze, nella stamp. di M. Sermatelli*, 1601, pet. in-4, vél.

Grandes marges. — Quelques petites taches.

40. — Doyle (Alex.). Zu maintz Hof-fechtmeistern New alamodische ritterliche Fecht und Schirm

Kunst. *Nurnberg, bey P. Lochnern*, 1716, pet. in-4, portr., avec 59 fig. sur cuivre, dem.-rel., non rog.

Bel exemplaire.

41. — Du Choul (G.). Discours de la religion des anciens Romains, de la castramétation et discipline d'iceux, des bains et ant. exercitations grecques et romaines. *Lyon, G. Roville*, 1581, 2 part. en 1 vol. pet. in-4, nombr. figures s. bois, v. marbr.

42. — Duel (Ouvrages sur le). 5 vol. in-8 et in-12, rel. et br.

Epistola sopra il duello di F. Malvica. *Paris*, 1826, br. in-8. — Nouveau code du duel, par Du Verger de Saint-Thomas. *Paris*, 1879, in-12, br. — Le duel, par H. Vallée. *Paris, s. d.*, in-12, br. — Les drames de l'épée, par Th. de Grave. *Paris*, 1879, in-12, br. — Un tournoi au XIXe siècle, par E. Legouvé. *Paris*, 1872, pet. in-4, br.

43. — Duello, libro de re, imperatori, signori, gentilhomini et de tutti armigeri, cont. disfide, concordie, pace, case accadenti, etc. (da Paris de Puteo). *Stamp. in Venetia, per M. Sessa*, 1525, 1 vol. — Duello del Fausto da Longiano regolato a le leggi de l'honore, del tempo de cavallieri erranti, debravi, e de l'eta nostra. *Vinegia*, 1559, 2 part en 1 vol. — Mémoires touch. les duels, par Brantôme. *Leyde*, 1722, 1 vol. — Ens. 3 vol. pet. in-8 et in-12, rel.

44. — Duello (Dialogo brieve et distinto, nel quale si ragiona del), d'autore incerto, et appresso sonovi aggiunte alcune rime dello istesso autore. *Padova, appr. G. Perchacino*, 1561, pet. in-4, couv. en pap.

45. — Duels. Recueil factice de 21 pièces et d'extraits d'ouvrages traitant du duel, réunis en 3 vol. in-12, v. marbr.

Recueil curieux de pièces et fragments formé par Jamet de Lunéville, littérateur du XVIIIe siècle, l'ami de Voltaire, de l'abbé Lebeuf, de Lancelot, et autres savants de son époque. Jamet se plaisait à former ainsi des recueils sur toutes sortes de sujets qu'il annotait ensuite. On conserve à la Bibliothèque Nationale un recueil connu sous le nom de « *Stromates* », l'un des plus curieux du genre. Parmi les pièces qui composent le recueil sur les duels, on remarque les suivantes : Traité contre les duels, par Savaron.

Paris, 1614. — La deffaite du poinct d'honneur contre les duellistes, par A. Trousset. *Paris*, 1628. — Invective ou discours satirique contre les duels, par Gassion Bergeré. *Paris*, 1629. — L'utilité de l'éducation des armes ou l'émulation renaissante (par Larivière). *Paris*, 1758, fig. par Le Mire. — L'art de tirer des armes, par J. de Brye. *Paris*, 1721. — Edit du Roy portant règlement sur les duels. *Paris*, 1679. — Anecdotes touch. les duels, par Brantôme. *Leyde*, 1722, vignettes ajoutées. — Essai sur le point d'honneur, par Blondeau. *Rennes*, 1748, figure ajoutée, etc , etc. — Ces 3 volumes portent de nombreuses notes et additions manuscrites de Jamet.

46. — Duels (Edict pour la défense des). *Paris*, 1602, pet. in-8, dem.-rel., dos et coins de mar. Lav. — Edict du Roy sur la prohibition et punition des querelles et duels. *Paris*, 1609, pet. in-8, dem.-rel., dos et coins de mar. Lav. — Edit du Roy port. règlement général sur les duels, donné à St-Germain-en-Laye. *Paris*, 1682, pet. in-12, cart. — Ens. 3 pièces.

47. — Duels. Essame dell' honore cavalleresco, ridotto alla conditioni de tempi presenti. *Venetia*, 1625, in-16, vél.

La préface est signée *Carlo Lucchesi*. — Exemplaire aux armes de Frantz Ehrenreich, seigneur de Trauttmansdorff, avec son ex-libris.

48. — Du Picq. Etude du combat d'après l'antique. *Besançon*, 1868, plaq. in-8, dem.-rel., mar. amar., non rog.

Tiré à 100 exemplaires.

49. — Dupleix (Scip.). Les loix militaires touchant le duel. *Paris*, 1602, pet. in-4, cart.

50. — Escrime. New Kunstlich Buchlein darinnen etlich schone Stellungen von Rappier und fechten, und andere dergleichen Wappen zufinden , etc. (*Vers 1630*), pet. in-4 obl., dem.-rel.

Curieux traité d'escrime à l'épée et au manteau. Nous n'avons que 20 planches, y compris le titre, sans texte explicatif, ni souscription.

51. — Escrime. Quesiti del cavaliero, instrutto nell' arte dello schermo, con le risposte del suo maestro.

Padova, per G. B. Paschati, 1644, pet. in-8, vél.

D'après une ancienne note sur la garde, cet ouvrage aurait pour auteur *Antonio Alfieri*.

52. — Escrime. Libro de armas y dotrina para el resguardo de los afficionados de dicha ciencia, con contras de toda la arte que se encierra en la espada hecho por un afficionado. — In-8 de 26 ff. y compris le titre gr., plus 20 pl. pet. in-4 qui se déploient. v. gr.

Manuscrit de la première moitié du XVIIIᵉ siècle, d'une jolie écriture. Le titre gravé est signé A. *Sant Cross fecit*. Ce *Santa Cross* ou *Croce* paraît être l'auteur de ce manuscrit. On lit sur la garde la note suivante : « *Manuscript précieux, contenant la méthode et les secrets de la célèbre école espagnolle, avec les figures en taille-douce du marquis de Sante Croce.* »

53. — Escrime (Arts académiques, équitation), danse . et art de nager. *Paris*, 1786, in-4, avec 11 pl.,cart.. non rog.

Extrait de l'Encyclopédie méthodique.

54. — Escrime. Suite de 77 pl. en 1 album in-4, obl., dem.-rel., dos et coins de mar. n., tr. r.

Dessins au lavis, avec inscriptions en français, qui paraissent avoir été exécutés vers le commencement du siècle.

55. — Escrime. Manual del baratero, o arte de manejar la navaja, el cuchillo y la tijera de los jitanos. *Madrid*, 1849, in-12, vignettes, dem.-rel., mar. bl. . du Lev., ébarbé.

56. — Escrime, Art militaire. En 8 vol. in-fol. et in-4. rel. (*Incomplets*).

Meyer. Gr. Beschr. der Kunst der Fechtins. (*Vers* 1610), in-4, obl., fig., cart. (*Manque le titre et la fin. Court de marges*). — Huessler. (XVIIᵉ siècle). Pet. in-4 de 232 pag., fig., cart. (*Manquent le titre et plusieurs ff.*). — Alfieri. La Scherma (la Picca e la Bandiera). *Padova*, 1640, 3 part. en 1 vol. in-4,obl., fig.,dem.-rel.(*Manquent plusieurs feuillets,A I,etc.*).—Pacheco de Narvaez. Compendio de la filosofia de las armas de G. Carranza. (*Vers* 1612), pet. in-4, vél. (*Manquent le commencement et la fin, et plus. ff. au milieu*). — Engano y desengano de la destreza de las armas. (XVIIᵉ siècle). Pet. in-4, vél. (*Manquent les premiers et derniers feuillets*). — Der Herren Schlectbuch des Statt Augsburg. *Augsburg* (XVIᵉ siècle), pet. in-4, fig. de Custodis, vél. (*Incomplet du commencement et de la fin*). — Fl. Vegetius. De re militari. *Paris*, 1532, in-fol., rel. (*Le titre manque*). — Le Moyen-Age pittoresque. Album de 18 pl. divers.

57. — ETTENHARD (Fr. Ant. de). Compendio de los fundamentos de la verdadera destreza y filosofia de las armas. *Madrid, por Ant. de Zafra*, 1675, 2 part. en 1 vol. pet. in-4, front. gr., nombr. fig. hors texte, vél., avec attaches.

> Édition originale. — Rare. — Exemplaire en très bon état, sauf une petite piqûre à quelques feuillets dans la marge. Une des planches mal pliée est atteinte en tête, néanmoins l'exemplaire est assez grand de marges et dans sa première reliure.

58. — EVANS (J.). L'Age de bronze, instruments, armes et ornements de la Grande-Bretagne et de l'Irlande, trad. de l'angl. par W. Battier. *Paris*, 1882, in-8, figures, br.

59. — FABRIS (S.). Sienza e pratica d'arme. *Copenhaven, H. Waltkirck*, 1606, 2 part. en 1 vol. pet. in-fol., titre gr., nombr. pl. gr. sur cuivre, cart.

> Quelques petites cassures.

60. — FALLOPPIA (Alf.), Lucchese. Nuovo et brieve modo di schermire. *Bergamo, appr. C. Ventura*, 1584, plaq. pet. in-4, dem.-rel., vél.

> Exemplaire grand de marges. — Les derniers feuillets sont un peu roux.

61. — FAUCHET. Les antiquitez et histoires gauloises et françoises, cont. l'origine des choses advenues en Gaule et ès annales de France, avec deux traictez des origines, dignitez et magistrats de France, chevaliers, armoiries et hérauts, ens. l'ordonnance, armes et instruments desquels les François ont anciennem. usé en leurs guerres. *Genève*, 1611, 3 part. en 1 vol. pet. in-4, v. gr.

62. — FAUSTO DA LONGIANO. Il Duello regolato a le leggi de l'honore, con le tutti le cartelli missivi, e risponsivi in querela volontaria, del tempo de cavallieri erranti, de bravi et de l'età nostra. *Venetia*,

V. Valgrisi, 1551, pet. in-8, mar. amar. du Lev., à nerfs, dent. int., anc. tr. dor. (*Petit*).

Bel exemplaire, sauf quelques petites taches de rousseur.

63. — FOUGEROUX DE CAMPIGNEULLES. Histoire des duels anciens et modernes, cont. le tableau de l'origine, des progrès et de l'esprit du duel en France, etc., avec notes sur les princip. combats singuliers. *Paris*, 1835, 2 vol. in-8, cart., non rog.

64. — FRANÇOIS (René). Essay des merveilles de nature et des plus nobles artifices. *Lyon*, 1642, pet. in-8, fig. s. bois, vél.

Parmi les traités contenus en cet ouvrage on remarque les suivants : *Duel à cheval ; Le tirage des armes;* La vénerie ; La fauconnerie.

65. — GAIANI (A.-G.-B.). Arte di maneggiar la spada a piedi ed a cavallo. *Loano, appr. Fr. Castello,* 1619, pet. in-4, vél., fil.

Exemplaire en très bon état, sauf une légère piqûre aux premiers feuillets.

66. — GAIANI (A.-G.-B.). Arte di maneggiar la spada a piedi et a cavallo. *Loana, appr. F. Castello,* 1619, pet. in-4, cart.

Bel exemplaire, sauf une petite piqûre au bord de la marge du titre.

67. — GAYA (De). Traité des armes, des machines de guerre, des feux d'artifices, des enseignes et instruments militaires, anc. et mod., avec la manière dont on s'en sert présentement, etc. *Paris,* 1678, in-12, front. gr., figures, v. gr.

68. — GHEYN (J. de). Maniement d'armes, d'arquebuses, mousquetz et piques. *Gedr. zu Frankfurt am M., in Verleg. W. Hoffmann,* 1609, pet. in-4, titre entouré d'une bordure, nombr. figures, couv. en pap.

Edition rare, dont les figures gravées sur bois, au trait, sont intéressantes au point de vue du costume. Plusieurs sont malheureusement barbouillées.

69. — GIGANTI (Nic.). Scola overo teatro, nel quale sono rappresentate diverse maniere e modi di parare

e di ferire di spada solo, e di spada e pugnale. *Venetia, appr*. *G. Antonio*, 1606, pet. in-4, obl., armes des Médicis gr. au verso du titre, portr. et 42 pl. à l'eau-forte, mar. Lav. du Lev., à nerfs, dent. int.,tr. dor. (*Petit*).

> L'ouvrage de Giganti est classé parmi les anciens maîtres italiens importants. Ce maître est regardé comme l'inventeur du développement tel qu'on le pratique aujourdhui. Une planche mal pliée est rognée de près sur le bord de la marge latérale.

70. — Giovio et S. G. Symeoni. Dialogo dell' imprese militari et amorose, con un ragionamenti di Lod. Domenichi. *Lyone, appr*. *G. Rovillio*, 1574, pet. in-8, nombr. figures sur bois dans le genre du Petit Bernard, vél.

71. — Gomard (Possellier, dit). La théorie de l'escrime, préc. d'une introd. dans laq. sont résumés par ordre de dates tous les princip. ouvrages sur l'escrime, et donnant l'historique de l'art des armes. *Paris*, 1845, in-8, figures, dem.-rel. v. r.

72. — Gomez Arias de Porres (D.). Resumen de la verdadera destreza en el manejo de la espada. *Salamanca, por M. Estevez* (1667), pet. in-4 de 12 ff. prél., y compris le front.. 147 pag. ch. et 4 ff. de table, figures s. bois, v. gr.

> Très rare. — Exemplaire en bon état, sauf un petit raccommodage au titre et une petite piqûre dans la marge des deux derniers feuillets.

73. — Grassi (G.). Ragione di adoprar sicuramente l'arme si da offesa come da difesa, con un trattato dell' inganno, etc. *Venetia, appr*. *G. Ziletti*, 1570, pet. in-4, portr. en pied, nombr. fig. à mi-page s. cuivre, cart.

> Exemplaire grand de marges. — Quelques petites taches de rousseur. — On a relié dans le même volume : Dell' arte di scrimia, libri tre di Giov. dall' Agocchie. Bolognese. *Venetia, appr*. *G. Tamborino*, 1572.

74. — Grassi (G.). Dizionario militare italiano. *Torino*, 1833, 4 tom. en 1 fort vol. in-8, dem.-rel.. dos et coins de mar. r. du Lev., ébarbé.

75. — Heussler (Seb.). Freyfechter von Nurnberg. New Kunstlich Fechtbuch, darinnen etliche Kunst-stuck dess sig. S. Fabri, wie auch anderer Italianis-chen und Franzosischen Fechter zusammen getra-gen. (Nouveau traité artistique de l'escrime, etc.). *G. zu Nurnberg, durch L. Lochner*, 1615, pet. in-4, obl., nombr. figures s. cuivre.

Cassure au dernier feuillet et quelques petites taches.

76. — Heussler (Seb.). New Kunstliche Fecht-Buch, darinnen 500 stuck des Fecht-meisters S. Salv. Fa-bri da Padua, so wol auch anderer ital. und franzo-sischen Fechter beste Kunststuck, etc. *Gedr. zu Nurnberg, durch L. Lochner*, 1617, 2 part. en 1 vol. pet. in-4, obl., nombr. fig. gr. s. cuivre, vél.

Rare. — Le titre étant plus grand que la justification typogra-phique, est atteint dans la bordure. — Légères mouillures.

77. — Hewitt (J.). Ancient armour and weapons in Europe, from the iron period to the end of the XIII century. *Oxford*, 1855, 3 vol. in-8, nombr. fi-gures, rel. en toile, tête dor., ébarbé.

78. — Isacchi (G.-B.) da Reggio. Inventioni, nelle quali si manifestano varii secreti et utili avisi a persone di guerra e per i tempi di piacere. *Parma, appr. S. Viotto*, 1579, pet. in-4, figures s. bois, vél.

79. — Jovio (P.). Dialogue des devises d'armes et d'a-mours, avec un discours de Loys Dominique sur le mesme subjet, trad. d'ital. par le S. Vasquin Phi-lieul, auquel avons adjousté les devises héroïques du S. G. Symeon. *Lyon, par J. Roville*, 1561, 2 part. en 1 vol. pet. in-4, nombr. figures d'emblèmes s. bois, entourées de bordures, dans le genre du Petit Bernard, vél., fil., comp., tr. dor.

Exemplaire réglé, dans sa première reliure et bien conservé, sauf une légère mouillure.

80. — Jubinal (Ach.). La Armeria real, ou collection des principales pièces de la galerie d'armes ancien-nes de Madrid. *Paris (vers 1840)*, in-fol., nombr. pl. par G. Sensi, gr. par Roux, etc., cart. orig.

81. — KOPPEN (J.), doctor in Magdeburgk. Neuer Discurs von der weitberumeten Kunst des Fechten, etc. (Nouv. discours de l'art célèbre de l'escrime, etc.). *Gedr. zu Magdeburg, durch A. Betzeln*, 1619 (1625), pet. in-fol., goth., titre gr., nombr. figures s. cuivre, vél.

> On a relié dans le même volume : Princ'er oder Vorleger Buch von G. Procacchi, in ital. sprach beschr. und von ihm ubersetzet. *Leipzig, H. Grossen*, 1624, nombr. figures relatives à l'art culinaire. — La reliure est fatiguée et le frontispice du premier ouvrage est un peu atteint, du reste le volume est bien conservé.

82. — LA CURNE DE SAINTE-PALAYE. Mémoires sur l'ancienne chevalerie, consid. comme un établissement polit. et militaire. *Paris*, 1781, 3 vol. in-12, v. marbr.

83. — LA MARCHE (Oliv. de), Jean de Villiers, Ant. de La Sale, etc. Traités du duel judiciaire, relations de pas d'armes et de tournois, publ. par B. Prost. *Paris*, 1872, gr. in-8, pap. de Holl., br.

> Tiré à petit nombre.

84. — LANDI (G.). Piacentino. Attioni morali, nelle quali, oltra facile e spedita introduttione all' ethica d'Aristotele, si discorre intorno al Duello, etc. *Vinegia, appr. G. Giolito de Ferrari*, 1564, pet. in-4, vél.

85. — L'ANGE (Dan.). Deutliche Erklarung der adelichen freyen Fecht-Kunst. *Dusseldorff, gedr. bey W. Bayers*, 1708, pet. in-4, front. gr., avec portr. en méd., 61 fig. gr. sur cuivre, dem.-rel., dos et coins de mar. bl.

> Un feuillet mal plié, est rogné de près. — Quelques petites taches.

86. — LEGUINA (Don E. de). La Espada, apuntes para su historia en Espana. *Sevilla*, 1885, in-8, br.

> Tiré à 100 exemplaires.

87. — LE PERCHE. L'exercice des armes ou le maniement du fleuret, pour ayder la mémoire de ceux qui sont amateurs de cet art. *Paris, veuve de F. Che-*

reau (1676), pet. in-4, obl., titre et texte gr., 35 pl.
gr. s. cuivre, dem.-rel., v. viol.

> Rare. — Outre les 35 planches numérotées que l'on trouve ac-
> tuellement dans ce livre, cet exemplaire contient à la fin 5 autres
> planches sans numéros à l'adresse de Bonnart, où les figures des
> escrimeurs sont d'une dimension un peu plus petite que dans les
> autres planches.— Grandes marges.— Quelques petites taches. —
> Déchirure au coin d'un feuillet, dans la marge.

88. — Lipsii (J.) Saturnalium sermonum libri duo, de
Gladiatoribus. *Antuerpiæ, ex offic.Plantiniana*, 1604,
pet. in-4, figures en taille-douce représentant les
luttes des gladiateurs romains, dem.-rel., dos et
coins de mar. citron.

89. — Lombardelli (Orazio). Gioiello di sapienza, nel
quale si contengono gli avisi d'arme, con l'inclina-
tione de i dodici segni celesti, et il memorial dell'
arte del puntar gli scritti. *Firenze, alle scale di Ba-
dia*, 1618, pet. in-8 de 24 ff., avec 8 figures sur bois,
mar. r. du Lev., à nerfs, dent. int., tr. dor. (*Petit*).

> Traité d'escrime fort rare. — Non cité par Vigeant.

90. — Lozano de Ibdes (J.-Ant.). Destierc y azote del
libro del duelo. *Zaragoça, por Chr. de la Torre*,
1640, pet. in-8, vél.

91. — Manciolino (Ant.), Bolognese. Opera nova,
dove li sono tutti li documenti e vantaggi che si
ponno havere nel mestier de l'armi d'ogni sorte. *Vinegia*, 1531, pet. in-8, fig. s. bois sur le titre, vél.

> Un des premiers traités italiens, indiquant une ébauche des ba-
> ses de l'escrime. — Rare. — Les trois derniers feuillets qui man-
> quent ont été reproduits à la plume.

92. — Marcelli (Fr. A.). Regole della scherma, inse-
gnate da Lelio e Titto Marcelli, figlio e nepote, e
maestro di scherma in Roma. *Roma*, 1686, 2 part.
en 1 vol. pet. in-4, front. gr., cont. les portr. en
méd. des Marcelli, nombr. figures à l'eau-forte.
cart., non rog.

> Bel exemplaire à toutes marges.

93. — Marozzo (Ach.) mastro (*sic*) generale de l'arte
de l'armi. Opera nova. *Stamp. in Venetia, per Gio-*

vane Padovano, 1550, pet. in-4, titre entouré d'une
bordure, nombr. figures sur bois, dem.-rel., dos et
coins.

> Edition rare. — Exemplaire grand de marges, avec témoins. —
> Quelques petites taches. — Raccommodage au coin du titre.

94. — MAROZZO (Ach.). Arte dell' armi. *Venetia*, 1568,
pet. in-4, titre gr., nombr. figures gr. à l'eau-forte,
mar. amar. du Lev., à nerfs, dent. int. (*Petit*).

> Edition rare. — Quelques feuillets sont rognés de près.

95. — MARTIN. Le maistre d'armes, ou l'abrégé de
l'exercice de l'épée. *Strasbourg*, 1737, pet. in-8,
nombr. pl., dem.-rel.

96. — MARZIOLI (Fr.) Bresciano. Precetti militari.
Bologna, 1673, in-fol., titre gr., portr., nombr. pl.,
vél., fil., comp.

> Bel exemplaire. — Plusieurs des planches représentent le manie-
> ment de la pique et du mousquet.

97. — MATTEI (Fr. A.). Della scherma Napoletana,
dove si prova che la scherma sia scienza e non
arte, si danno le vere norme di spada e pugnale.
Foggia, per Novello de Bonis, 1669, pet. in-8, front.
gr., 1 pl. d'armoiries, dem.-rel., toile.

> Volume rare, dédié à Jean d'Avalos, dont on voit les armes
> gravées en tête de l'ouvrage.

98. — MENDES DE CARMONA TAMARIS, natural de la
nob. ciudad de Esija. Libro de la destreza berda-
dera de las armas. *Ano de* 1640, pet. in-4, titre gr.,
portr. de l'auteur et 1 pl. d'armoiries gr. s. cuivre.
et env. 240 ff., vél.

> MANUSCRIT DU XVIIe SIÈCLE, ORIGINAL et AUTOGRAPHE. La dédi-
> cace, adressée à Don Francisco De Billasis, comte de Penaflor,
> porte en tête les armes gravées de ce personnage, et à la fin la si-
> gnature de l'auteur. De plus on a gravé pour ce manuscrit un titre
> spécial et le portrait de l'auteur. Les nombreuses ratures et cor-
> rections qu'on y voit ne laissent guère de doute sur le caractère
> d'authenticité de ce manuscrit, encore revêtu de son ancienne
> reliure en vélin du xviie siècle.

99. — MEYER (Joach.). Grundtliche Beschreibung der
freyen ritterlichen und adelichen Kunst des Fech-

tens. (Description du libre, chevaleresque et noble
art des escrimeurs). *Gedr. zu Strasburg, bey T.
Berger* (1570), in-4, obl., avec 71 fig. sur bois, pré-
paré pour la reliure.

> Incomplet de 12 feuillets : 1° Premier cahier A (4 ff.), compre-
> nant le titre et les 3 premiers feuillets ; le cahier M (4 ff.) : H. IV
> (feuillet 31) ; QIII (feuillet 62) : C III, IV (ff. 105 et 106).

100. — MILITIA ROMANA (J. Lipsii de), libri V, com-
mentarius ad Polybium. *Ant., ex off. Plantiniana,*
1630, 1 vol. — J. Lydii syntagma sacrum de re militari dissertatio philologica. *Dordraci,* 1698 ; 1 vol.
— Ens. 2 vol. in-4, fig., rel.

101. — MONTBOURCHER (P. de), sieur de Rivaudière.
Traité des cérémonies et ordonnances à gages de
bataille et combats en champ clos, selon les institu-
tions de Philippes de France. *Paris,* 1602, pet.in-8,
mar. Lavall. du Lev., à nerfs, dent. int., tr. dor.

> Très rare. — Le titre manque.

102. — MORETTI (Don F.). Diccionario militar espanol
francés. *Madrid,* 1828, pet. in-4 à 2 col., dem.-rel.,
dos et coins de mar. r. du Lev., ébarbé.

103. — MUSÉES D'ARMES et d'artillerie. C catalogues ou
vol. in-8 et in-12, nombr. fig., rel. et br.

> Notice abr. des collections dont se compose le musée d'artillerie.
> *Paris,* 1833, in-12, cart. — Armeria antica e moderna di S. M.
> Carlo Alberto, descr. dal C. V. Seyssel d'Aix. *Torino,* 1840,in-8,
> fig., cart. — Der Fuhrer durch das histor. Museum zu Dresden,
> von Frenzel. *Leipzig,* 1850, in-8. cart., n. r. — Die Ambraser-
> Sammlung, beschr. von E. F. Von Sacken. *Wien,* 1855, in-8,fig.,
> cart., n. r. (*Première partie*). — Catalogo de la real Armeria.
> *Madrid,* 1849, in-8, dem.-rel. — Nordiske Oldsager i der Kongel.
> Museum i Kjobenhaven, ord. af A. Worsaae. *Kjobenhaven,* 1859,
> gr. in-8, fig., br.

104. — MUSÉES D'ARMES. 4 ouvr. en 4 vol. in-fol. et
in-8, fig., rel. et br.

> Catalogo de la real Armeria.*Madrid,* 1854, gr. in-8, dem.-rel.,
> dos et coins de mar. amar., ébarbé. — Notice sur le musée de
> Tsarkkoé-Sélo, renf. la coll. d'armes de l'Empereur. *S.-Péters-
> bourg,* 1860, in-8, fig., dem.-rel., dos et coins de mar. Lav.,
> ébarbé. — Der Fuhrer durch das historische Museum zu Dresden

von Frenzel. *Leipzig*, 1850, pet. in-8, br. — Descrizione degli scudi possed. da A. Uboldo. *Milano*, 1843, in-fol., fig., br.

105. — MUTIO JUSTOPOLITANO. Il Duello, con le risposte cavalleresche. *Venetia*, 1585, 2 part. en 1 vol. pet. in-8, vél.

106. — MUTIO JUSTINOPOLITAIN (Le combat de), avec les responses chevaleresses (*sic*), trad. en franç. par Ant. Chapuis, Dauphinois. *Lyon, G. Roville*, 1561, pet. in-4, titre entouré d'une bordure s. bois, vél.
    Bel exemplaire.

107. — OLLIVIER. L'art des armes simplifié, ou nouv. traité sur la manière de se servir de l'épée. *Londres*, 1771, in-8, front. gr., avec 8 pl. gr. par Ovenden, dem.-rel., dos et coins de mar. olive du Lev.

108. — ONOSANDER. L'art militaire, où il est traicté de l'office et devoir d'un bon chef de guerre, mis en langue franç. par B. de Vigenère. *Paris*, 1605, pet. in-4, titre gr., figure d'armoiries, v. marbr.

109. — PACHECO DE NARVAEZ (Don L.). Modo facile nuevo para examinarse los maestros en la destreza de las armas, y entender sus cien conclusiones. *Madrid, por L. Sanchez*, 1625, pet. in-8, 1 pl. d'armoiries, vél., fil.
    Exemplaire bien complet, avec les armes gravées de Wolfg. Guillaume, comte palatin du Rhin, auquel l'ouvrage est dédié.

110. — PARADIN (Cl.). Devises héroïques et emblêmes, augm. par François d'Amboise. *Paris*, 1622, 2 part. en 1 vol. pet. in-8, front. gr., nombr. fig. d'emblêmes, cart.
    Parmi les devises il y en a quelques-unes qui représentent des armes anciennes, telles que des épées, des haches, etc.

111. — PARIS DE PUTEO. Duello, libri de re, imperatori, principi, signori, gentilhomini et di tutti armigeri, cont. diffide, concordie, pace, casi accidenti e judicii con ragione. *Stamp. in Venetia, Greg. de Gregoriis*, 1523, pet. in-8, fig. s. bois sur le titre représent. un combat à pied, vél.
    Edition rare. — Le titre est un peu sali.

112. — Pas d'armes de Sandricourt (Le), relation d'un tournoi donné en 1493 au château de ce nom, publ. par A. Vayssière. *Paris*, 1874, 1 vol. — La description et ordre de camp et festiement et joustes des roys de France et d'Angleterre, l'an 1520. *Paris*, 1864, 1 vol. — Ens. 2 vol. in-16, pap. vergé, br.

113. — Passchen (J.-G.). Kurtze je doch deutliche Beschreibung handlend von Fechten auf den Stoss und Hieb. *Hall in Sachsen, gedr. bey M. Oelschlegen*, 1664, pet. in-fol., nombr. pl. gr. s. cuivre, vél.

114. — Penguilly L'Haridon. Catalogue des collections du cabinet d'armes de l'Empereur (Palais de l'Industrie, Musée rétrospectif). *Paris*. 1865, 1 vol. — Château de Pierrefonds, album du cabinet d'armes de l'Empereur Napoléon III. *Paris*, 1867. 1 vol., nombr. pl. photogr. par Chevalier. — Ens. 2 vol. gr. in-8, br.

115. — Peregrinus (Alex.) Capuanus. Tractatus de Duello. *Venetiis, ap. P. Dusinellum*, 1614, pet. in-4, cart.

On a relié dans le même volume : *Tractatus de prohibitione Duelli, auctore L. Florono, de Solarolo. Venetiis*, 1610.

116. — Perez de Mendoza y Quixada (D. Mig.). Resumen de la verdadera destreza de las armas. *Madrid, por F. Sanz*, 1675, pet. in-4 de 21 ff. prél., non compris le portr. du roi Charles II d'Espagne, auquel l'ouvrage est dédié, et 73 ff. ch., vél.

Première édition. — Exemplaire grand de marges, dans sa première reliure. — La bordure du titre est atteinte dans le bas.

117. — Peirini (Ant.). Arte fabrile, overo Armeria universale, dove si contengono tutte le qualita e natura dei ferro, con varie impronte, che si trovano in diverse arme, cosi antiche come moderne et varii segreti et tempere. (1641), pet. in-fol., nombr. dessins à la plume, vél.

Manuscrit du xvi° siècle, dédié à Laurent de Médicis, et daté de 1641. On y trouve des détails curieux sur la fabrication des anciennes armes, et de nombreuses marques ou monogrammes qui se trouvent sur les mêmes objets de fabrication française et étrangère. Parmi les arquebusiers français on cite « Bartolin Francini,» et G. P. (Gian Parigino), etc.

118. — PIGNA (G.-B.). Il Duello, ne quali dell' honore e dell' ordine della cavalleria con nuovo modo si tratta. *Vinegia*, 1560, pet. in-8, v. gr.

> On a relié dans le même volume deux ouvrages rares, dont le dernier contient des détails curieux : Il Duello di M. Dario Attendolo. *Venetia*, 1560. — La Faustina del Mutio Justinopolitano, delle arme cavalleresche. *Venetia*, 1560.

119. — PISTOFILO (Bon.). Il Torneo. *Bologna, per il Ferrone*, 1627, pet. in-4, front. gr., avec 117 fig. de costumes milit. gr. s. bois, dem.-rel., cuir de Russie.

120. — POLIBIO, Tito Livio e Dionigi Alicarnasseo. La militia Romana, da Fr. Patricii dichiarata. *Ferrara, per D. Mamarelli*, 1583, pet. in-4, figures, vél.

121. — PORONI. Breve e distinto dialogo nel quale si ragiona del duello, et si decidono cento e piu questioni. *Colonia*, 1692, pet. in-8, cart.

122. — POSSEVINI (G.-B.). Dialogo dell' honore, nel quale si tratta a pieno del duello, della nobilta, con l'aggiunta d'un trattato di Ant. Possevini. *Vinegia*, 1564, 2 part. en 1 vol. pet. in-8, vél.

123. RANIS (H.-C.). Anweisung zur Fecht-Kunst. (Méthode d'escrime). *Berlin*, 1771, in-12, figure, dem.-rel.

124. — RICHARD DE MÉRODE, SEIGNEUR DE FRENTREN (La justification de), touchant sa querelle avecq le seign. Don Roderigue de Benaridos, en laquelle sont contenus tous les cartels d'entre eux envoyés, manifeste le procès passé au camp publicq, translaté de l'ital. en françois (publ. par Ch. Ruelens). *Bruxelles*, 1867, gr. in-8, br.

125. — SAINCT DIDIER (Henry de), gentilhomme Provençal. Traicté cont. les secrets du premier livre sur l'espée seule, mère de toutes armes, qui sont

espée, dague, cappe, targue, bouclier, rondelle, l'espée à deux mains et les deux espées, avec ses pourtraictures, etc. *Paris, impr. par J. Mettayer et M. Challenge,* 1573, pet. in-4, portr. en pied de l'auteur et de Charles IX, nombr. figures s. bois, mar. r., dos orné, fil., tr. dor. (*Reliure ancienne*).

LIVRE TRÈS RARE et fort recherché. — Bel exemplaire dans une jolie condition ancienne, avec le feuillet blanc final qui manque souvent. « L'ouvrage de Sainct Disdier est le premier qui ait paru en France sur l'art de l'escrime. Tout dans ce livre concourt à en faire une curiosité bibliographique de premier ordre. Son origine, son impression, ses ornements signés, ses gravures estimées au point de vue des armes et du costume, le portrait en pied du roi Charles IX, celui de l'auteur et sa signature à la dernière page, le font rechercher pour des collections de divers genres. » (VIGEANT)

126. — SAVARON (J.), sieur de Villars. Traicté contre les duels, avec l'édict de Philippes-le-Bel. *Paris,* 1610. — Traicté de l'espée françoise. *Paris,* 1610. Ens. 2 ouvr. en 1 vol. pet. in-8, v. marbr.

Rares. — Piqûre de vers.

127. — SAVARON (J.). Traicté contre les duels, avec les ordonnances du roy S. Loys. *Paris,* 1614. pet. in-8, dem.-rel., dos et coins de mar. Lav. du Lev.

128. — SCHLICHTEGROLL (Nath.) Talhofer, ein Beytrag zur Litteratur der gerichtlichen zweykæmpfe im Mittelalter. *Munchen,* 1817, in-fol. obl., avec 6 pl., couv. en pap.

129. — SCHMIDT (J.-A.). Leib-beschirmende Fecht-Kunst, nebst einem Unterricht vom Voltigiren und Ringen. *Nurnberg,* 1713, pet. in-8 obl., front. gr., nombr. pl. au trait, vél.

130. — SCHMIDTS (J.-A.). Fecht-Kunst, nebst einem Unterricht vom Voltigiren und Ringen. (Art de l'escrime, avec un suppl. sur la gymnastique). *Nurnberg,* 1780, in-8 obl., nombr. figures au trait, br., non rog.

Bel exemplaire.

131. — SCHOFFER VON DIETZ (H. W.) Fecht meister in Marpurg. Grundtliche Beschreibung der freyen

adelichen Fechtkunst, in einfachen Rappir und im
Rappir und Dolch. (Description approfondie de l'art
noble de l'escrime, à la rapière seule, et à la rapière
et au poignard). *Gedr. zu Marpurg. bey J. Saurn,*
1620, 2 part. en 1 vol. pet. in-4 obl., titre ent. d'une
bordure, et nombr. fig. à l'eau-forte, vél.

Rare. — Légère mouillure. — Quelques piqûres de vers.

132. — Senesio (Aless.), Bolognese. Il vero maneggio
di spada. *Bologna, per her. di V. Benacci,* 1660. in-
fol., avec 13 pl. à l'eau-forte, vél.

Exemplaire en très bon état, dans sa première reliure.

133. — Suarez (D' Christ.) de Figueroa. Plaza uni-
versal de todas ciencias y artes. *Madrid,* 1615, pet.
in-4, v. marbr.

Les chapitres 79 et 96 traitent de l'escrime, etc., et portent les
en-têtes suivants : *De la destreza de las armas, y luchadores
antiguam, atletas; De los espaderos.* — Quelques feuillets rognés
de près.

134. — Susio (G.-B.). I tre libri della ingiustitia del
duello. *Vinegia, appr. G. Giolito di Ferrara,* 1555.
pet. in-4, v. gr., fil. (*Armoiries sur les plats*).

135. — Susio (G.-B.). I tre libri della ingiustitia del
duello et di coloro, che lo permettono. *Vinegia,
appr. G. Giolito di Ferrara,* 1558, pet. in-4, nombr.
init. ornées, vél., fil.

Exemplaire grand de marges. — Légère tache.

136. — Sutor (Jakob). Kunstliches Fechtbuch, zum
nutzen der soldaten, studenten und Turner, neu
herausg. durch J. Scheible. (Méthode artistique de
l'escrime, à l'usage des soldats, etc.). *Stuttgart,*
1849, pet. in-4, avec 89 fig. à mi-page, dem.-rel., dos
et coins de mar. citr. du Lev., ébarbé.

Réimpression de l'édition de 1612.

137. — Texedo (Don Pedro) Sicilia, de Taruel. Es-
cuela en la berdadero destreza de las armas. (*Palermo? vers* 1678), pet. in-4, portr. de l'auteur,
figures, vél.

Livre très rare, incomplet du titre et de la fin. Nous emprun-

tons le titre ci-dessus à la préface, datée de Palerme, en 1678, et
adressée à Don Fern. Joach. Faxardo de Requesens y Zuniga,
marques de los Veles. Le texte, qui se suit des folios A II à O III
sans interruption, est à 2 colonnes, en espagnol et en français. —
Mouillures.

138. — TORELLI (Pomp.). Trattato del debito del ca-
valliero. *Parma, Viotti*, 1596, pet. in-4, cart., non
rog.

> Ce volume contient plusieurs passages sur l'escrime et la chasse.
> Bel exemplaire, sauf une légère tache.

139. — THIBAULT (Girard), d'Anvers. Académie de
l'espée, où se démonstrent par reigles mathéma-
tiques, sur le fondement d'un cercle mystérieux, la
théorie et pratique des vrais et jusqu'à présent in-
connus secrets du maniement des armes à pied et à
cheval. *S. l.*, 1628, gr. in-fol., titre gr., portr., 9 pl.
d'armoiries 46 figures de double grandeur des pages
par Crispin de Pas et A. Bolswert, etc., dem.-rel. v.v.

> Pieters croit que ce volume a été imprimé par les Elsevier
> de Leyde. Exemplaire grand de marges. Le titre est remonté.
> Quelques petites taches et cassures.

140. — TRANCHANT ET J. LADIMIR. Les femmes militaires de la France. *Paris*, 1866, in-8, pap. de Holl.,
avec 20 portr. en pied par Mlle Beauchet, photogr.
par Petit, br.

141. — URREA (Ger. di). Dialogo del vero honore militari, nel quale si deffiniscono tutte le querele, che
possono occorrere fra l'uno e l'altr'huomo, trad. di
lingua spagnuola, da U. Ulloa. *Venetia*, 1569, pet.
in-8, mar. r., fil. comp. (*Rel. anc.*).

142. — VIGGIANI DAL MONTONE (Ang. Lo Schermo).
Vinetia, appr. G. Angelieri, 1575, pet. in-4, figures
sur cuivre, v. gr.

> Rare. — On a relié dans le même volume : Ragione di adoprar
> sicur. l'arme da lui offesa, come da difesa, di Giac. di Grassi. *Ve-*
> *netia, appr. G. Ziletti*, 1570, figures sur cuivre. — Discorso in
> materia di duello (di M. F. Thonnina). *Mantova*, 1557. (*Rogné de*
> *près*).

143. — VIGEANT. La bibliographie de l'escrime ancienne et moderne. *Paris*, 1882, pet. in-8, br.

144. — Vizani dal Montone (Ang.), Bolognese. Trattato dello schermo, et insegna d'una uno schermo di spada sola sicuro e singolare. *Bologna, per G. Rossi*, 1588, pet. in-4, portr., figures sur cuivre, mar. amar. du Lev., à nerfs, dent. int., tr. dor. (*Petit*).

Seconde édition du traité d'escrime de Viggiani (dont le nom est modifié), publiée par Zacharia Cavalcabo.

145. — Villardita (G.), dello il Nicosioto. La Scherma Siciliana. *Palermo, per il Bua*, 1670, pet. in-8, avec 2 gr. pl., vél.

Bel exemplaire, sauf un petit trou dans la marge du dernier feuillet.

146. — Walhausen (Jean-Jacques de). L'art militaire pour infanterie, auquel est monstré le maniement du mousquet et de la pique, etc., descrit en language allem. et trad. en françois (publ. par J.-T. de Bry). *Impr. à Franeker, par U. Balck*, 1615, pet. in-8, nombr. pl. dont deux représentent le maniement du mousquet, gr. par T. de Bry, vél.

147. — Wallhausen (Jean-Jacques de). La Milice romaine, traicté, avec la trad. de Flave Végèce en langue franç., mis en lumière pour le bien des amateurs de la milice. *Impr. à Francfort sur le Main, par P. Jacques*, 1616, 2 part. en 1 vol. pet. in-fol., titre ent. d'une bordure, avec le portr. en méd. de l'auteur, nombr. pl., vél.

Exemplaire grand de marges. — Le titre est remonté.

---

148. — E. de Beaumont. Notes et documents pour servir à l'histoire de l'épée et des armes de main. — 10 portefeuilles ou cartons in-fol.

Manuscrit d'E. de Beaumont. Ces notes et copies faites sur les originaux par Ed. de Beaumont représentent la somme des recherches auxquelles il a consacré sa vie d'artiste et d'antiquaire. On y trouve l'ébauche de travaux projetés. C'est une véritable encyclopédie de l'épée. Des liasses portent les intitulés suivants : Désignation et noms des parties de l'épée. — Port de l'épée. — Epée anti-

que. — Epée double. — Danse des épées. — Epées données et lé-
guées. — Epées de grande valeur. — Epées enchantées. — Epées
déposées dans les temples, les églises et les trésors d'abbayes. —
Epées célèbres. — Le poignard. — Forgerons d'épées. — Escrime.
— Etc., etc. — Il y a là les matériaux pour des monographies toutes plus curieuses les unes que les autres. — Deux de ces cartons
contiennent des dessins d'Ed. de Beaumont, représentant d'ancien-
nes armes et pièces d'armures, des marques d'épées, des boucliers,
des écus de chevalier, etc., etc.

II. — CHASSE. — ÉQUITATION. — ARMES A FEU POUR LA CHASSE ET POUR LA GUERRE. — MARINE.

149. — ANTICHI CACCIATORI (Del Collegio de l') Pollen-
tini in Piemonte e della condizione de Cacciatori
sotto i Romani, dissertazione di J. Durandi. *Torino,*
1773, in-8, v. gr.

150. — BEAUGEAN. Recueil de petites marines représentant des navires de diverses nations, travaux des
ports, costumes de pêcheurs, de matelots, phares,
barques de rivières, etc. *Paris,* 1817, 1 tom. rel. en
2 vol. in-4, obl., avec 150 pl. dess. et gr. par Bau-
gean, dem.-rel., v. r.

151. — BOISSOUDAN (De). Le fauconnier parfait ou méthode pour dresser et faire voler les oiseaux (publ.
par Du Noyer de Noirmont). *Paris,* 1866, pet. in-8,
pap. vergé, br.

152. — BONFADINI (Vita). La Caccia dell' arcobugio,
con la prattica del tirare in volo, in acre et a borita,
con il modo di ammestrar bracchi, e curarli, dico-
noscer la diversita de gli uccellani, e di fabricare la
polvere e gli pallini, aggiunt. alcune cose necess. alla
Caccia. — Pet. in-4, vél.
MANUSCRIT DU XVIIᵉ SIÈCLE d'une écriture très lisible.

153. — BOSSI (G.). Breve trattato d'alcune inventioni
che sono statte fatte per rinforzare li tiri de gli ar-
chibuggi e moschetti. *Anversa, appr. G. Verdussen,*
1625, pet. in-8, joli portr. de Isabelle-Claire-Eugé-

nie, infante d'Espagne, au verso du titre, et fig.,vél.

On a relié dans le même volume : Breve discorso delli doppii archibugi à routa inventati per G. Bussi. *Parigi*, 1629, figure.

154. — CHARLES IX (La Chasse royale, compos. par le roy), précéd. d'une introduct. par H. Chevreul. *Paris*, 1857, in-16, pap. vergé, br.

155. — DU BELLAY (G.), seign. de Langeay. Instructions sur le faict de la guerre. *Paris, de l'impr. de Mich. Vascosan, pour luy et G. Du Pré*, 1548, in-fol., titre entouré d'une bordure s. bois, lettres init. ornées, v. fauve, dos orné. (*Reliure ancienne*).

Bel exemplaire, sauf une petite mouillure au bord de la marge de quelques feuillets.

156. — DUNOYER DE NOIRMONT. Histoire de la chasse en France. *Paris*, 1867-68, 3 vol. in-8, br.

157. — FERRARO (Ant.). Disegni universali di freni antichi et moderni, con molti altri di essi inventati di nuovo, da P. A. Ferraro di Napoli, cavallerizzo della C. M. del invit. re Felippo nella real Cavallerizza di Napoli. (*Napoli*, 1577), in-fol. de 137 ff., y compris le titre et la dédicace, dont les lettres init. sont en or, mar. r., fil., tr. dor.

Beau recueil de dessins originaux au lavis, représentant des mors de chevaux. A la fin de la dédicace au roi on remarque la signature de l'auteur et la date de 1577. — C'est l'original de l'ouvrage imprimé qui suit. — Armoiries sur les plats. La reliure, qui est du temps, est fatiguée.

158. — FERRARO (P.-A.). Cavallo frenato, con discorsi notab. sopra briglie antiche e mod., molte altre da lui inventate, con un discorso sopra alcune briglie ginette, e alcuni disegni di briglie, Polacche et Turchesche, e a questi IV libri suoi, precede l'opera di G. B. Ferraro, suo padre. *Napoli, appr. A. Pace*, 1602, 2 part. en 1 vol. in-fol., nombr. pl. de brides de chevaux et gr. sur bois, vél.

Exemplaire grand de marges dans sa première reliure. — Légère mouillure.

159. — GRISONE (Fed.). Ordini di cavalcare, e modi di conoscere le nature de cavalli, etc. aggiungevisi una

scielta di notab. avertimenti per far eccellenti razze.
e per rimediare alle infermita de cavalli. *Venetia*.
1620, 2 part. en 1 vol. pet. in-4. nombr. fig. de
mors de chevaux, vél.

Edition beaucoup plus complète que les précédentes. — Exemplaire grand de marges dans sa première reliure. — Quelques taches de rousseur.

160. — GUILLET. Les arts de l'homme d'épée ou le
dictionnaire du gentilhomme. cont. l'art de monter
à cheval. l'art militaire. etc. *La Haye*, 1695, pet.
in-8. figures. v. gr.

161. — JAL. Archéologie navale. *Paris*. 1840. 2 vol.
gr. in-8. br.

On a ajouté une relation très rare du combat naval qui eut lieu devant Naples en novembre 1654, entre la flotte française et italienne. pièce pet. in-4 de 4 ff., br., non coupée.

162. — MANESSON-MALLET (A.). Les travaux de Mars.
enseign. la méthode de fortifier toutes sortes de places. les fonctions de la cavallerie. de l'infanterie. de
l'artillerie. etc. *La Haye*. 1696. 3 vol. in-8. front.
gr.. avec plus de 400 pl., cart. à la Brad.. non rog.

Bel exemplaire.

163. — OZANNE. Marine militaire. ou recueil des différens vaisseaux qui servent à la guerre. suivis des
manœuvres qui ont le plus de rapport au combat
ainsi qu'à l'attaque des ports. *Paris, chez l'auteur
(vers 1760)*. gr. in-8. titre et dédicace gr.. 50 pl.. v.
marbr.

164. — RUSCELLI (Gir.). Precetti della militia moderna
tanto per mare quanto per terra. *Venetia*. 1630.
pet. in-4. fig. s. bois. dem.-rel., toile.

165. — SID MOHAMMED EL MANGAII. Traité de Vénerie. trad. de l'arabe par Flor. Pharaon. avec une introd. par G. de Cherville (avec le texte arabe). *Paris*. 1880. in-8, br.

Tiré à petit nombre.

166. — SURIREY DE SAINT-REMY. Mémoires d'artillerie. *Paris*, 1745. 3 vol. in-4. nombr. pl.. v. marbr.

167. — VALLO libro cont. appertinente à capitanii, retenere et fortificare una citta con bastioni, con novi artificii de fuoco aggionti, et di diverse sorte polvere, et de espugnare una citta con ponti, etc. *Vinegia, per gli her. di P. Ravano*, 1545, pet. in-8, titre ent. d'une bordure, figures s. bois, vel.

> L'auteur de cet ouvrage curieux est G.-B. della Valle di Venafro.

III. — BEAUX-ARTS. — LIVRES ILLUSTRÉS. — COSTUME. — CURIOSITÉ. — ARCHÉOLOGIE. — OUVRAGES SUR LES FEMMES.

168. — ALBERTI L.-A.. De la statue et de la peinture, trad. du latin en franç. par Cl. Popelin. *Paris*, 1869, gr. in-8, pap. vergé, fig., br.

169. — ALCIATUS A.. Emblemata, cum commentariis, per Cl. Minoem. *Parisiis*, 1608, pet. in-8, titre gr., avec portr. en méd., nombr. fig. d'emblèmes s. bois, vel.

170. — ALDEGREVER (H.). 7 planches gravées sur cuivre remontées en un album pet. in-8, cart.

> Ces sept pièces, sans marges, font partie de la suite connue sous le titre : « La danse des noces. » Elles portent les n° suivants : 1, 2, 4, 5, 8, 9, 12, avec le monogramme d'Aldegrever et la date de 1538.

171. — AMMAN (Jost). Kunst und Lehrbüchlein für die anfahenden Jungen darans Reissen und Malen zu lernen etc. (*Frankfurt am M., S. Feyrabend*, 1580), pet. in-4 de 64 ff., y compris le titre, entouré d'une bordure, avec 77 fig. par J. Amman, gr. s. bois, vel.

> Ce sont les 64 premiers feuillets sur 106 de la première partie de cet ouvrage. — Exemplaire grand de marges et bien conservé, sauf quelques petites taches.

172. — AMMAN (Jost). Cleri totius Romanæ ecclesiæ subjecti, seu Pontificiorum ordinum omnium omnino utriusque sexus, habitus, artific. figuris, quibus F. Modii sing. octosticha adjecta sunt, nunc pri-

mum a J. Ammanno expressi. *Francofurti, sumpt.
J. Feyrabendii,* 1585, pet. in-4, avec 102 fig. de
costumes s. bois par J. Amman, cart.

Exemplaire de premier tirage, grand de marges, mais sans l'appendice de Modius.

173. — ANTIQUAIRE (L'), comédie en 3 actes (1751),
préc. d'une étude sur les curieux au théâtre, par
Ch. Davillier. *Paris,* 1870, in-16, pap. vergé, br.

Réimpression à petit nombre.

174. — AQUARELLISTES FRANÇAIS (Société d'). Catalogues des 9 expositions. *Paris, Jouaust,* 1879-87,
9 catal. ou vol., nombr. figures d'après E. de Beaumont, G. Doré, Detaille, Leloir, Vibert, etc., br.

Exemplaire en GRAND PAPIER DU JAPON.

175. — AQUARELLISTES FRANÇAIS. Catalogue of an exhibition of water colour drawings executed by members of « La Société des Aquarellistes Français, »
and others. *London, Goupil,* 1881, gr. in-8, nombr.
photogravures d'après E. de Beaumont. Worms,
Bastien Le Page, Vibert, etc., br., couv. impr.

Exemplaire au nom de M. de Beaumont sur GRAND PAPIER DU JAPON.

176. — BARDE. Traité encyclopéd. de l'art du tailleur.
Paris, 1834, gr. in-8, avec 57 pl., br.

177. — BEAUMONT (E. de). Révolution de 1848. Scènes
des barricades et de l'insurrection de juin. Suite de
lithographies dessinées par E. de Beaumont. — Gr.
in-fol., cart.

Epreuves d'artiste. — La plupart de ces compositions sont en double épreuve.

178. — BEAUMONT (E. de). Femmes, masques, ajustemens des femmes, notes diverses. Notes manuscrites
d'Ed. de Beaumont. — 2 liasses.

179. — BENSERADE. Métamorphoses d'Ovide en rondeaux. *Paris, de l'impr. royale,* 1676, in-4, front. gr.,
nombr. fig. à mi-page par Séb. Le Clerc, Chauveau,
etc., v. gr.

Aux armes du MARÉCHAL DUC DE RICHELIEU.

180. — Biographie des dames de la Cour et du faubourg S.-Germain, par un valet de chambre congédié (par Pitou). *Paris*, 1825, in-18, dem.-rel., mar. br. du Lev.

181. — Boccaci da Certaldo (Joh.). Il Corbaccio. *Parigi, per F. Morelli*, 1569, pet. in-8, mar. amar. du Lev., à nerfs, dent. int., tr. dor. (*Petit*).

182. — Bonaffé. Les collectionneurs de l'ancienne Rome, notes d'un amateur. *Paris*, 1867, pet. in-8, br.

183. — Bury-Palliser. Histoire de la dentelle, trad. par Mad. de Clermont-Tonnerre. *Paris (vers* 1870), in-8, portr.. nombr. figures, br.

184. — Bussi-Rabutin. Histoire amoureuse des Gaules. *Londres (Paris. Cazin)*, 1780, 6 vol. in-16, v. jaspé, fil.. tr. dor.

    A la reliure dite de Cazin.

185. — Carnet d'échantillons d'un négociant en toiles et tissus, avec échantillons. In-8, format agenda, vél., avec attaches.

    Très curieux album ou carnet d'échantillons d'un commis-voyageur de la fin du XVIIe siècle (1698), du nom de E. Tobias Hornmann de Guttenberg. Ces nombreux échantillons sont accompagnés de détails sur leur prix, leur qualité, leur appellation dans le commerce, le prix de diverses marchandises à Venise. — Les documents industriels de ce genre sont de toute rareté.

186. — Cellini (Benvenuto). Vie, écrite par lui-même, et trad. par D.-D. Farjasse. *Paris*, 1833, 2 vol. in-8, portr., v. ant. — Traité d'orfèvrerie, trad. par E. Piot. *Paris (vers* 1860), in-8, dem.-rel., mar. br. — Ens. 3 vol.

187. — Cochet (Abbé). La Normandie souterraine, ou notices sur des cimetières romains et francs, explorés en Normandie. *Paris*, 1855, gr. in-8, portr., nombr. figures. dem.-rel., mar. br. — Le tombeau de Childéric Ier, roi des Francs, restitué à l'aide de l'archéologie (par le même). *Paris*, 1859, gr. in-8, fig., br. — Sépultures gauloises, romaines, franques

et normandes (par le même). *Paris*, 1857. in-8, fig.,
dem.-rel., toile. — Ens. 3 vol.

188. — Collections de San Donato. Objets d'art, catalogue illustré. *Paris*, 1870, gr. in-8, photographies, br.

189. — Croniques (Les) et généalogies des très nobles
roys, ducz et princes, tant de la Grant Bretaigne que
de la Petite, avesques les très excellentes victoires et
triumphes d'iceulx roys et princes faictes sur les Romains, jadis leurs tributaires, et sur toutes autres
nations. (*A la fin*). *Imprimé à Rouen par M. Pierre
Olivier, demour. audit lieu près l'église Saint-Vivien, et furent achevés le II jour de may, mil cinq
cens et X (1510)*, pet. in-4. goth., figures s. bois, v.
> Édition très rare. — Nombreuses piqûres et mouillures. Le bas
> du dernier feuillet est coupé en partie et mutilé, mais ce défaut
> n'atteint pas le texte.

190. — Damhoudère (Josse de). Practicque judiciaire
és causes criminelles, enrichie des ordonnances, statuts et coustumes de France. *Anvers, J. Bellère*.
1564, pet. in-4, nombr. figures sur bois, attribuées
à Gérard de Jode, v. gr.
> Exemplaire bien conservé, sauf une mouillure à quelques feuil
> lets.

191. — Davillier (Baron). Fortuny, sa vie, son œuvre, sa correspondance. *Paris (impr. Jouaust)*. 1875,
gr. in-8, pap. de Holl., portraits, figures à l'eauforte, br.

192. — Davillier. Recherches sur l'orfévrerie en Espagne, au Moyen-Age et à la Renaissance. *Paris,
Quantin*, 1879, pet. in-4. pap. vél., nombr. pl. à
l'eau-forte, br.
> Tiré à petit nombre.

193. — Davillier. Histoire des faïences hispano-mauresques à reflets métalliques. *Paris*, 1861, in-8, br.

194. — Dumas (Le monument d'Alex.), œuvre de G.
Doré, discours, poésies, avec une préface par A.

Dumas fils. *Paris, Libr. des Bibliophiles*, 1884, gr. in-8, portr. et fig. à l'eau-forte, br.

Tiré à petit nombre. — Exemplaire en GRAND-PAPIER DE HOLLANDE.

195. — DUMAS (Alex.) fils. Les femmes qui tuent et les femmes qui votent. *Paris*, 1880, in-12, br., non coupé.

Exemplaire en GRAND-PAPIER DE HOLLANDE, avec un *envoi signé* de l'auteur à M. E. de Beaumont.

196. — ENGELHARDT (C.). Denmark in the early iron age, illustr. by recent discoveries in the peat mosses of Sleswig. *London*, 1866, in-4, nombr. pl. gr. s. ac., percal. viol., ébarbé.

197. — FEMMES (Ouvrages sur les). 4 ouvr. en 4 vol. in-8 et in-12, rel. et br.

Les femmes blondes selon les peintres de l'école de Venise, par deux Vénitiens. *Paris*, 1865, in-8, br. — Les Femmes, par H. de Balzac. *Paris*, 1856, in-18, dem.-rel. v. f. — L'homme et la femme, lettre à M. Dumas fils, par E. de Girardin. *Paris*, 1872, in-12, br. — Lettre à Naquet, par Alex. Dumas fils. *Paris*, 1882, in-12, br. (*Avec un envoi de l'auteur à M. E. de Beaumont*).

198. — FROMENTIN (Eug.). Une année dans le Sahel. *Paris*, 1874, 1 vol. — Un été dans le Sahara (par le même). *Paris*, 1874, 1 vol. — Ens. 2 vol. in-8, br.

199. — GAVARNI. Recueil de 169 planches à l'adresse d'Aubert, formant un album in-4, dem.-rel., et une liasse.

200. — GOETHE. Werther, trad. par P. Leroux, accomp. d'une préface par George Sand. *Paris, Hetzel*, 1845, gr. in-8, figures de Tony Johannot, s. Chine, avant la lettre, v. gris.

201. — GONCOURT (E. et J. de). L'amour au xviiie siècle. *Paris*, 1875, in-12, front. gr., vignettes, percal. orange, non rog. — La femme au xviiie siècle (par les mêmes). *Paris*, 1877, in-12, br. — Ens. 2 vol.

202. — GOYA (Franç.). Caprichos. *Madrid, vers 1799*, pet. in-fol., bas. marbr.

Suite de 80 planches gravées à l'eau-forte en manière noire. La planche nº 1 représente le portrait de l'auteur. *Francesco Goya y Lucientes, pintor.*

203. — HUGO (Victor). Notre-Dame de Paris, édition illustrée d'après les dessins d'E. de Beaumont, Boulanger, Daubigny, T. Johannot, Meissonnier, Roqueplan, etc. *Paris, Perrotin,* 1844, gr. in-8, v. fauve, ornem. à froid, tr. marbr.

204. — INVENTAIRES de statues, tableaux, meubles, estampes, curiosités et objets d'art provenant des châteaux et maisons royales des environs de Versailles, à l'époque de la Révolution. — Une forte liasse et un registre in-fol.

Catalogue raisonné des estampes en feuilles, provenant de la propriété d'Orsay. — Etat général et privé des effets et meubles précieux et nécessaires pour l'établissement du dépôt de Versailles, ledit état conforme aux procès-verbaux dressés en présence des citoyens Aubry et Cossard, commissaires préposés pour la vente de ce mobilier. — Etat général des objets de sculpture et de bronze antiques que le juri a marqués à Versailles pour le Musée Central de Paris. — Etat des boëtes et autres objets que les conservateurs du Muséum de Versailles et les commissaires Robert et Le Brun ont estimé à l'effet d'être mis à la disposition des ministres pour être délivrés aux créanciers de l'Etat. — Rapport fait au nom des commissaires envoyés dans le département de Seine-et-Oise à la commission temporaire des arts par Varon, membre de cette commission et du Muséum National. (Copie). — Etat des figures, vases et marbres propres à l'embellissement du Jardin des Thuileries, provenant des démolitions du château de Marly (copie certifiée). — Etc., etc., etc.

205. — LACROIX (P.) et F. Seré. Histoire de l'orfévrerie-joaillerie, et des anc. communautés et confréries d'orfèvres-joailliers. *Paris,* 1850, gr. in-8, chromolithographies et fig. s. bois. br.

206. — LA FONTAINE. Contes et nouvelles en vers. *Paris,* 1792, 2 vol. in-8, 2 portr. gr. par Ficquet, nombr. figures d'Eisen, gr. par Le Mire, de Longueil, etc., culs-de-lampe par Choffard, v. ant., ébarbé en tête, non rog.

Les *Contes* de La Fontaine à la date de 1792 renferment les figures de l'édition originale des Fermiers-Généraux, dont une partie du tirage avait été mise sous scellés dès 1762. Le séquestre n'en fut levé qu'à l'époque de la Révolution. — Le texte seul fut réim-

primé et le surplus du tirage de 1762 servit à constituer l'édition
de 1792, qu'il ne faut pas confondre avec les éditions intermé-
diaires, lesquelles ne sont que des copies, avec les sujets gravés à
l'envers des originaux.

207. — LE VAYER DE BOUTIGNY. Tarsis et Zélie. *Paris,*
1774, 3 vol. gr. in-8, 3 front. par Cochin, Mo-
reau, etc., gr. par Gaucher, etc., nombr. figures
à mi-page par Eisen, gr. par De Longueil, v. m.

208. — LONGUS. Daphnis et Chloé, trad. d'Amyot,
préc. d'une préface par A. Dumas fils. *Londres,
Glody,* 1878, in-16, pap. Turkey-Mill, impr. en
rouge et bleu, br., couverture parch.

 Tiré à petit nombre.

209. — MARTIAL D'AUVERGNE. Aresta amorum, cum
erudita Ben. Curtii Symphoriani explanatione. *Lug-
duni. ap. S. Gryphium,* 1538, pet. in-4, dem.-rel.,
vél.

 Le texte des *Arrêts d'amour* est en français ; les commentaires
seuls sont en latin.

210. — MASCHERATE DELLE BUFOLE (Le dieci) mandate
in Firenze, il giorne di carnovale, l'anno 1565, con
la descrizzione di tutta la pompa delle maschere
e loro invenzioni. *Fiorenza, appr. i Giunti,* 1566,
pet. in-8 de 56 pag., dem-rel., vél.

 Rare. — Petites piqûres dans la marge du titre et du premier
feuillet.

211. — MATHILDE (Princesse). Histoire d'un chien.
Paris, 1876, pet. in-4. pap. Whatman, br., ébarbé.

 Avec un *envoi autographe* *signé* de la princesse Mathilde
à M. E. de Beaumont.

212. — MIRABEAU. Erotika Biblion. *Rome (Paris),*
1783, in-8, dem.-rel., v. ant., non rog.

213. — MUSSET ET STAHL. Voyage où il vous plaira,
suivi des contes choisis de Ch. Nodier. *Paris,* 1854,
gr. in-8 à 2 col., front. gr., nombr. fig. de T. Johannot, br., couverture illustrée.

214. — MUSSET (Alfr. de). *Paris, Charpentier,* 1852-

54, 4 ouvr. en 6 vol. in-12, cuir de Russie, tr. dor.

Poésies nouvelles. 2 vol. — Nouvelles. 1 vol. — Comédies et proverbes. 2 vol. — Confession d'un enfant du siècle. 1 vol.

215. — OBJETS D'ART (Catalogues d'). 5 vol. gr. in-8, fig., rel. et br.

Cat. des objets d'art de De Bruge-Duménil. *Paris*, 1849, in-8, fig., dem.-rel. — Collection Soltykoff. *Paris*, 1861, in-8, br. — Atelier de L. Leloir, objets d'art et de curiosité, notices par Vibert et de Beaumont. *Paris*, 1854, in-8, br. (*Prix*). — Collection Rattier, objets d'art. *Paris*, 1859, in-8, br.

216. — POPELIN (Cl.). Cinq octaves de sonnets. *Paris*, 1875, gr. in-8, texte encadré, br. — Un cent de strophes à Pailleron. *Paris*, 1881, gr. in-8, pap. vergé, br. — Salon de 1875, sonnets, par A. Dézamy. *Paris*, 1875, pet. in-8, br. — Ens. 3 vol.

217. — POPELIN (Claudius). Les vieux arts du feu. *Paris*, 1877, pet. in-4, texte encadré d'un filet r., figures, b.

218. — PUGIN (Gothick furniture of the xv century, designed and etched by). *London*, 1835, in-4 de 26 pl. y compris le titre, cart. orig.

219. — QUICHERAT. Histoire du costume en France depuis les temps les plus reculés jusqu'à la fin du xviiie siècle. *Paris*, 1875, gr. in-8, fig., br.

220. — RABUTAUX. De la prostitution en Europe, dep. l'antiquité jusqu'à la fin du xvie siècle, avec une bibliographie, par P. Lacroix. *Paris,* 1851, pet. in-4, figures, cart.

221. — RETZCH (Moritz). Umrisse zu Schiller's Lied von der Glocke, nebst Andentungen. (Figures au trait pour illustrer le Chant de la Cloche, de Schiller, par M. Retzsch). *Stuttgart,* 1833. 1 vol. — Umrisse zu Goethe's Faust, gez. von M. Retzsch. *Stuttgart,* 1836, 1 vol. — Ens. 2 vol. in-4, fig. au trait, rel. en toile.

222. — ROBAUT. L'œuvre complète de Eug. Delacroix, peintures, dessins, gravures, lithographies, cataloguée

et reprod. par), commenté par E. Chesneau et F. Calmettes. *Paris*, 1885, in-4, texte entouré d'un filet r., portraits sur Chine, nombr. figures, br.

223. — SCHEUFELEIN (Hans). La Danse des Noces, reprod. par Joh. Schratt, avec une notice biograph. par le D' Andresen. *Paris*, 1865, in-fol., pap. vergé, nombr. pl., percal. br., non rog.

224. — SECRETS MAGIQUES pour l'amour, octante et trois, charmes, conjurations, sortilèges et talismans, publ. par un bibliomane (le doct. Cazin). *Paris. Acad. des Bibliophiles*, 1868, in-16, pap. vergé, br.
   Tiré à petit nombre.

225. — SILVESTRE. Marques typographiques, ou recueil de monogrammes, chiffres, enseignes, emblèmes, devises, rebus et fleurons des libraires et imprimeurs qui ont exercé en France dep. l'introduct. de l'imprimerie jusqu'à la fin du XVI° siècle, etc. *Paris*, 1853, 2 part. en 1 vol. gr. in-8, nombr. marques, dem.-rel., dos et coins de mar. br. du Lev., tête dor., non rog.

226. — TABLEAU DES PIPERIES des femmes mondaines, où par plusieurs histoires se voyent les ruses dont elles se servent, avec une notice par le bibliophile Jacob. *Paris*, 1879, pet. in-8, pap. vergé, br.
   Réimpression à petit nombre.

227. — TALLEMANT DES RÉAUX. Historiettes, préc. d'une notice par P. Paris et De Monmerqué. *Paris*, 1865, 6 vol. in-12, br.
   M. de Beaumont a noté sur les couvertures de tout ce qui, dans cet ouvrage, est relatif aux armes, au costume militaire, etc.

228. — THOMAS. Essai sur le caractère, les mœurs et l'esprit des femmes, dans les différ. siècles. (*Paris*, 1771). in-8, mar. Lavall. du Lev., à nerfs, dent. int., tr. dor. (*Petit*).

229. — VASARI (G.). Vies des peintres, sculpteurs et architectes, trad. par L. Leclanché, et commentées par Jeanron et Leclanché. *Paris*, 1841-42, 10 vol.

in-8, avec 121 portr. par Jeanron gr. par Wacquez,
dem.-rel., chagr. r.

230. — VECELLIO (C.). Costumes anciens et modernes.
Paris, 1859-60, 2 vol. in-8, texte entouré de bordures, nombr. fig. de costumes, vél., ébarbé.

231. — VELASQUEZ (Mémoires de) sur 41 tableaux envoyés par Philippe IV à l'Escurial, avec trad. et
notes par le baron Davillier. *Paris*, 1874, gr. in-8,
portr. à l'eau-forte par Fortuny, br.

    Tiré à petit nombre.

232. — VENIUS (O.). Emblèmes. *Brusselles, Foppens,*
1668, pet. in-4, nombr. figures, v.

233. — VERRIEN (Nic.). Livre curieux et utile pour les
scavans et artistes, composé de 3 alphabets de chiffres simples, doubles et triples, etc.. accomp. d'un
très grand nombre de devises, emblèmes, médail-
les, etc., de plus. supports et cimiers pour les ornemens des armes. *Paris* (1685), in-8, titre et dédicace
gr., portr., nombr. pl., v. br.

234. — VIOLLET-LEDUC. Essai sur l'architecture militaire au moyen-âge. *Paris*, 1854, gr. in-8, figures, br.

TABLE DES DIVISIONS

ORDRE DE LA VACATION

Nos 149 à 243

1 à 148

EXPOSITION AVANT LA VENTE

CONDITIONS DE LA VENTE

Les acquéreurs paieront, suivant l'usage, 5 %. en sus des enchères, applicables aux frais de vente.

Les livres sont vendus complets et conformes à l'annonce du Catalogue. Néanmoins, l'exposition mettant chacun à même d'examiner et de vérifier à loisir, il ne sera repris aucun article que dans le cas où les livres seraient notoirement incomplets.

MM. les Amateurs du dehors qui désireraient que les livres acquis pour leur compte fussent collationnés avant l'expédition, devront payer une commission spéciale équivalente au temps passé pour cette opération, entièrement distincte de la commission ordinaire.

La Librairie A. Claudin se charge des commissions des personnes qui ne pourraient assister à la vente.

DOLE. - TYP. CH. BLIND.